AF177601

Andreas Kühne

Das hat der ja noch nie gemacht!

Aus dem Leben eines Tierherbergsvaters

www.tredition.de

© 2019 Andreas Kühne

Verlag und Druck: tredition GmbH, Halenreie 40-44, 22359 Hamburg

ISBN
Paperback: 978-3-7497-5297-3
Hardcover: 978-3-7497-5298-0
e-Book: 978-3-7497-5299-7

Das hat der ja noch

nie gemacht!

aus dem Leben eines Tierherbergsvaters

Für Anne

Ich widme dieses Buch meiner Frau und meinen beiden Töchtern, meiner Enkelin und den besten Freunden, die man im Leben haben kann. Ich danke meiner lieben Kollegin in der Pension, die mir seit vielen Jahren treu zur Seite steht und mir immer zuverlässig den Rücken frei hält. Sie ist nicht nur irgendeine Mitarbeiterin, sondern für uns mittlerweile ein Familienmitglied geworden.

Inhalt:

Vorwort

Ein Mann soll in seinem Leben einen Baum pflanzen, ein Haus bauen und ein Kind zeugen. Angeblich stammen diese Worte von Martin Luther. Bäume habe ich schon einige gepflanzt, das mit dem Haus hat auch geklappt und mit zwei Töchtern habe ich das geforderte Soll an Kindern auch erfüllt. Heute möchte ich noch den Punkt „sollte ein Buch schreiben" hinzufügen. In unserem täglichen Arbeitsleben erleben wir so viele lustige, interessante und auch traurige Situationen, dass ich mich bereits seit vielen Jahren mit dem Gedanken trage, von diesen Erlebnisse zu berichten.

Das Ergebnis dieser Überlegungen liegt nun vor Ihnen. Das Buch entstand während einer längeren Auszeit, in der ich die Zeit des Nichtstuns sinnvoll nutzen wollte.

Vielleicht erkennt sich ja der eine oder andere Leser in meinen Geschichten wieder.

Andreas "Kuno" Kühne

Vom Dorfkind zur Stadtpflanze und zurück – eine nicht ganz ernstzunehmende Vorbetrachtung

Das Verhältnis der Deutschen zu ihren Haustieren ist ein besonderes. Ich verlebte meine Kindheit und Jugend in den 70er und 80er Jahren im dörflichen Osten unseres damals noch geteilten Landes. Selbstverständlich hatten auch wir Haustiere aller Gattungen. Ich wuchs auf mit einem Hund, welcher für damalige Verhältnisse einen unverschämt adligen Stammbaum und den französischen Namen „Gaston von der Domäne" vorweisen konnte, was sich natürlich auch im Anschaffungspreis in der Höhe eines damaligen Monatsdurchschnittsverdienstes widerspiegelte. Ansonsten war an Gaston oder Horst, wie wir ihn der Einfachheit halber nannten, wenig glamourös und er hatte trotz seiner edlen Shelty-Vorfahren eher das rüpelhafte Auftreten eines klassischen Dorfköters. Er war ständig auf der Pirsch, entweder um Geschlechtsgenossen im Dorf zu verdreschen oder um die vierbeinigen schwanzwedelnden Dorfschönheiten zu beglücken. Horst wurde stattliche 17 Jahre alt und hatte ein schönes Leben. Weiterhin gehörten zu unserem Haushalt zwei Kater, sechs Meerschweinchen, Kaninchen, Schweine, Schafe, Ziegen, Enten und allerlei Ziergeflügel.

Nun gut, der Begriff „Haushalt" ist hier wohl etwas untertrieben – es hatte eher etwas von einem mittleren Bauernhof, obwohl meine Eltern beide nicht in der Landwirtschaft arbeiteten. Tiere wurden damals jedoch hauptsächlich zum Fortbestand des Hofes oder – wie im Fall von Horst leider nur mäßig erfolgreich – zum Schutz und zur Verteidigung desselben gehalten. Als Dorfkinder waren wir im Gegensatz zu unseren Freunden der urbanen Habitate durch die permanente Verfügbarkeit arschfrischer Eier, frisch geräucherter Wurst oder einem Bio-Gänsebraten deutlich privilegiert. Als ich später in der Kreisstadt mein Abitur machte, war die Leberwurststulle des Öfteren ein beliebtes Tauschobjekt. Später war es hilfreich bei der Beschaffung von Bückware aller Art. Für eine frische Bratwurst und eine Flasche „Kumpeltod" - dem steuerfreien Trinkbranntwein der Bergleute - gab es mindestens 10 Sack Zement bei Frau Krause, der Göttin der für die Beschaffung und Verteilung von Baumaterialien zuständigen „Bäuerlichen Handelsgenossenschaft" - kurz BHG. Ansonsten war die Haltung und Pflege der Tiere vor allem mit einem verbunden: viel Arbeit und wenig Freizeit.

Das Futter für alle unsere Tiere wurde selbst angebaut und verarbeitet und in den größeren Orten gab es eine Zoohandlung, besagte BHG und für die Gesundheit der Tiere einen Landtierarzt.

Der Tierarzt in unserm Dorf war Dr. Günter Kiefer und er lebte mit seiner Frau Helga wie Dr. Doolittle auf einem kleinen Gehöft mitten im Ort. Bei ihm brüteten die Enten in der Küche und der Familiendackel sorgte mit fletschenden Zähnen für die Sicherheit der noch ungeschlüpften Küken.

Günter war es auch, der uns Kinder von einer ganz anderen Seite an das Thema Haustiere heranführte. Jede freie Minute verbrachten wir entweder bei ihm auf dem Hof oder wir begleiteten ihn bei seiner Arbeit in den umliegenden Ställen. Er zeigte uns, wie man Schweine oder Schafe kastriert, Klauen schneidet oder Sauen künstlich besamt – was interessanter klingt, als es tatsächlich war. Das eberliche Genmaterial wurde in damals üblichen wohltemperierten Essenscontainern angeliefert und mittels eines sehr langen Trinkhalmes mit aufgesetzter „Olive" zur Beglückung der willigen (oder wie der Fachmann sagte „rauschigen") Sau eingebracht. Seit diesem Tag betrachte ich die kleine grüne oder schwarze Frucht südlicher Gefilde aus einem ganz anderen als den üblichen Blickwinkel.

Wie es wahrscheinlich bei allen jungen Menschen ist, drängte es mich mit 18 Jahren in die damals noch nicht ganz so weite Welt und ich ging nach Thüringen zum Studium und zur Armee – mit Tieren wollte ich erst mal nichts mehr zu tun haben und genoss lieber das intensive Studium der holden Weiblichkeit und die durchzechten Nächte mit meinen Brüdern im Geiste, welche mein ganzes restliches Leben eine besondere Rolle spielen sollten. Dazu aber später mehr.

1989 kam die Wende, ich war 23 Jahre alt und somit noch jung genug, ein neues Leben anzufangen. Zu diesem Zeitpunkt hatte ich auch schon meine jetzige Frau kennengelernt, die aus einem kleinen sächsischen Dorf stammte, und ich hatte daher kein Interesse mehr an anderen weiblichen Wesen. Wir gründeten eine Familie und unser neues Leben nahm seinen Lauf. Zunächst wollte ich immer noch nichts mit Tieren zu tun haben und gründete eine Werbefirma, welche durch die Aufbruchsstimmung im Land auch von Anfang an erfolgreich war. Meine Frau hatte einen festen Job in der Heizungsbranche und ein Jahr später kam unsere Tochter zur Welt. Alles lief soweit in geordneten Bahnen, aber irgendwann geschah das Unausweichliche und es zogen bei uns die ersten Tiere ein. Zunächst war es ein Schwarm Neonfische und ein paar Guppys in einem damals noch erlaubten Kugelaquarium. Als Kind hatte ich mir immer mein

Taschengeld mit dem Verkauf junger Guppys an eine Zoohandlung aufgebessert und Fische im allgemeinen sind für mich bis heute faszinierende und oftmals unterschätzte Geschöpfe.

Bis zum nächsten Schritt sollte es jedoch noch ein paar Jahre dauern. Mitte der 1990er Jahre trennte ich mich von meiner Werbefirma, absolvierte einen entsprechenden Sachkundenachweis und eröffnete in unserer Kreisstadt mein erstes kleines Zoogeschäft mit dem Schwerpunkt Aquaristik. Damit legte ich den Grundstein für unser ganzes weiteres Leben – welche Ausmaße es letztendlich annehmen sollte, habe ich mir damals noch nicht vorstellen können. In den folgenden Jahren wuchs das Geschäft und bald hatten wir neben Guppy & Co auch Meerschweinchen, Kaninchen, Zwerghamster und Vögel im Angebot. Ich fühlte mich plötzlich in meine Kindheit auf den Hof von Günter Kiefer zurückversetzt und fühlte mich rundherum wohl dabei. Da wir Nager verkauften, hatten zwischenzeitlich Ratten, Hamster und Mäuse auch bei uns zu Hause zwecks Vermehrung Einzug gehalten, worüber sich unsere Tochter natürlich ganz besonders freute. Auch in ihrem Zimmer wurden bald eigene Tiere gehalten.

Die ersten Vögel waren zwei Agaporniden – auch Liebesvögel oder Unzertrennliche genannt – namens

Ricky & Kiki. Die beiden sorgten ebenfalls für reichlich Nachkommenschaft.

Die Entwicklung zu unserer jetzigen Herberge war dann zwar eine eher schleichende, aber durchaus vorhersehbare. Irgendwann stand ein stolzer Besitzer zweier Meerschweinchen vor mir und fragte mich verzweifelt, ob ich nicht die Tiere während seines Urlaubs betreuen könnte, da der ursprünglich gebuchte Meerschweinchensitter kurzfristig abgesagt hatte. Wir hatten Platz im Laden, die Meersäue waren im eigenen Käfig untergebracht und somit stand der Urlaubsbetreuung nichts im Wege. Das sprach sich natürlich schnell herum und bald standen insbesondere zu den Ferienzeiten unzählige Käfige mit Kleinnagern, Papageien oder Reptilien als Urlaubsgäste in unserem Laden, welcher dadurch regelmäßig aus allen Nähten platzte.

Der Zeitpunkt war gekommen: wir mussten etwas verändern in unserem Leben und so beschlossen wir im Familienrat, dass wir eine Tierpension gründen wollten.

Ein Tier namens Amtsschimmel

Bei der Suche nach einem geeigneten Objekt für unsere Tierpension kam uns wie so oft der Kamerad Zufall in Gestalt eines Kunden meiner Frau zu Hilfe. Besagter Mann teilte uns mit, dass er sein großes Waldgrundstück nebst Haus und Nebengelass veräußern wollte. Am selben Tag fuhren wir zur Besichtigung und hatten uns sofort in das Objekt verliebt. Mitten im Wald auf einem riesengroßen Grundstück gelegen, bot es die idealen Voraussetzungen für unsere zukünftigen Pläne und wir machten sofort Nägel mit Köpfen. Wenige Wochen später zogen wir von der Stadt in unser neues Domizil in den Wald und machten uns an die Arbeit. Alles wurde renoviert, die Unterkünfte für die künftigen Gäste gebaut und auch der Umzug unseres städtischen Zooladens vorbereitet.

Um eine Tierpension zu eröffnen, bedarf es einer Vielzahl an Genehmigungen, Lizenzen und des Wohlwollens vieler Beamter verschiedenster deutscher Behörden und somit war unser erster Gast nicht Pluto, Waldi oder Minka sondern der deutsche Amtsschimmel.

Ich hatte bis dahin keine Vorstellung davon, wie laut dieses in deutschen Behörden ansässige Tier wiehern kann. Zunächst lag es für uns in der Natur der Sache, dass die zuständigen Veterinärbehörden grünes Licht geben mussten. Hier kam der damalige Amtsleiter Dr. Katz persönlich vorbei, um alle örtlichen tierrelevanten Gegebenheiten zu begutachten und wohlwollend zu beurteilen. In unserem Gespräch teilte er mir dann mit, dass er kein abschließendes Urteil fällen könnte, da er eigentlich von seiner Profession her Feuerwehrmann sei. Gut – das hab ich dann einfach mal so stehen lassen. Als nächstes kam das zuständige Amt für Emissionsschutz, um die Lärmbelästigung für unsere Nachbarn zu messen. Hier sei vielleicht erwähnt, dass unser neues Domizil mitten im Wald liegt und mein Nachbar Rolf ca. 1 km entfernt an einer gut befahrenen Straße wohnt. Das ist für einen deutschen Beamten jedoch mitnichten ein Grund auszuschließen, dass selbiger Nachbar durch eventuelles Hundegebell oder erotische Verzückungsschreie belästigt wird.

Tatsächlich fuhr die zuständige Beamtin zu unserem Nachbarn an die Straße und stellte völlig verwundert fest, dass man dort nur die vorbeifahrenden Autos und weder das Gebell von Hunden noch irgendwie anders geartete Laute aus unserer Richtung vernehmen konnte, was wir einige Zeit später auch noch in Form eines hochamtlichen Schreibens bestätigt bekommen haben.

Mit Abstand am tiefsten beeindruckt hat mich allerdings die Arbeit der zuständigen Behörde für den Schutz vor Ungeziefer. Selbige forderte uns dazu auf, auf dem gesamten Gelände Ratten- und Mäusegift auszulegen und dies auf einem entsprechenden Plan zu vermerken. Im Interesse der Gesundheit unserer späteren Gäste lehnten wir das Anliegen natürlich ab und wiesen die Staatsdiener darauf hin, dass wir zur Abwehr der genannten Kleinnager fünf sehr hungrige und agile Katzen hätten. Mit dieser Aussage war dann die Behördendelegation komplett überfordert und zog sich zunächst zu einer eingehenden Beratung zurück. Etwa eine Woche später erhielt ich einen Anruf der Behörde und erfuhr, dass man nach einer intensiven Diskussion in einer längeren Dienstversammlung unter Abwägung aller vorliegenden Informationen zu dem Ergebnis gekommen sei, dass Katzen zur Abwehr von Ratten und Mäusen geeignet seien. Welch eine Erkenntnis! Diese Information wurde uns kurze Zeit später dann ebenfalls schriftlich zugestellt.

Einzig unsere örtliche Feuerwehr - per se verantwortlich für den Brandschutz - fiel unangenehm aus der Rolle: Sie schauten sich alle Gegebenheiten an, besprachen mit mir die Vorgehensweise im Brandfall und waren nach nur etwa 15 Minuten mit ihrer Arbeit fertig – wie ich finde ein für Entscheidungsträger unverantwortliches Verhalten!

Jedenfalls waren damit alle Genehmigungen in unserer Hand und es konnte losgehen.

Früher war alles besser

Diese Aussage ist zwar Blödsinn, höre ich aber häufiger in meiner täglichen Arbeit: Das Gras war grüner, der Schnee war weißer, das Wetter war besser und überhaupt – naja. Fakt ist allerdings, dass sich in den letzten 30 Jahren die Heimtierbranche grundlegend und folgenreich verändert hat. Damals brauchte man lediglich entweder einen guten Zooladen oder Landhandel (im Westen Raiffeisen, im Osten BHG), einen gut bestellten Garten und für die Gesundheit einen Tierarzt seines Vertrauens, um die lieben Kleinen mit viel Liebe in den siebten Himmel zu heben.

Pluto oder Minka störte es nicht, die Reste des Mittagessens kredenzt zu bekommen. Sie wurden mit dieser Ernährung sogar richtig alt. Ansonsten haben wir uns alle zwei Wochen brav bei der Freibank in unserer Kreisstadt angestellt und gehofft, noch ein leckeres Stück Fleisch für unsere Tierschar zu ergattern. Die Freibank war sozusagen der realsozialistische BARF-Shop. Hier wurde Fleisch verkauft, welches zwar gesundheitlich unbedenklich war, jedoch fast ausschließlich aus Notschlachtungen stammte und daher für den Lebensmittelhandel nicht mehr zugelassen war. Also war der Einkauf auch immer ein bisschen wie der Kauf von Überraschungs-Eiern:

man wusste nie so recht, was man bekam, wenn man an der Reihe war. Unser royaler Edelhund freute sich immer ganz unköniglich, wenn es frischen Pansen gab. Pansen gab es damals bei der Freibank im Ganzen, weshalb wir mit dem Trabbi und Anhänger mit einem 20 kg schweren, optisch undefinierbaren und infernalisch stinkenden Batzen nach Hause fuhren. Damit war die Tortur jedoch noch nicht beendet. Der Pansen musste in Streifen geschnitten und unter dem Stalldach zum Trocknen aufgehängt werden. Pragmatisch wie wir als Ossis nun einmal waren, haben wir einen Streifen immer etwas feucht gehalten und die sich ansiedelnden Maden als Köder zum Angeln genommen – da soll niemand sagen, wir wären nicht einfallsreich gewesen!

Die Heimtierbranche hat sich mittlerweile zu einer der umsatzstärksten Branchen in Deutschland entwickelt und wir haben heute neben dem klassischen Zoohandel eine Vielzahl an Hundeschulen, Tierheimen, Tierkliniken, Hundesalons, Wellnesshotels oder – mein persönlicher Favorit – Tierpsychologen. Meine berufliche Erfahrung sagt mir, dass insbesondere die Tierpsychologen heutzutage in manchen Fällen nötig sind. Die Mensch-Tier-Beziehung hat sich grundlegend geändert und durch Ansätze wie die „antiautoritäre Erziehung von Tieren" hat gefühlt jeder dritte Hund oder jede dritte Katze ADHS und diese Erkrankung muss selbstverständlich professionell behandelt werden, damit die Psyche unserer Lieblinge keinen Schaden nimmt.

Die Tierernährung ist heutzutage ein besonders schwer zu beackerndes Feld. Wir versorgten unsere Tiere früher in Ermangelung alternativer Produkte einfach mit dem, was da war. Im Osten gab es lediglich ein Fertigfutter im Glas mit Krempelranddeckel namens „Goldi". Der Inhalt war nicht so recht definierbar, schimmerte bei entsprechendem Lichteinfall in den schönsten Spektralfarben und erinnerte an das Ergebnis eines Kehrauses bei der nahegelegenen Abdeckerei. Gekauft haben wir das Zeug eigentlich nie.

Heute haben wir neben dem klassischen Dosen- und Trockenfutter allerlei getrocknete Tierteile, tatsächlich 100% vegetarisches Futter, Futter aus Insekten und all das natürlich 100% Bio. Ganz groß im Kommen ist BARF, was für "Biologisch artgerechtes rohes Futter" steht und mit einer Sortenvielfalt aufwartet, welches jeden Koch eines 5-Sterne-Gourmetrestaurants vor Neid erblassen lässt. So gönnen wir unseren geliebten Fellnasen heute neben Rind, Geflügel oder Pansen (Schwein nicht, weil Schwein ist pfui) gerne mal, Fasan, Lachs, Hirsch oder Känguru – man lebt schließlich nur einmal! Früher hieß es wie gesagt "Freibank", und man hat keine so große Wissenschaft daraus gemacht.

Am liebsten sind mir die Leute, die für ihren tierischen Liebling ausschließlich und unbedingt "Öko", "Bio" und "voll kompostierbar" einkaufen und dann ihren minderjährigen - menschlichen - Nachwuchs an die Hand nehmen und in sauberem sachsen-anhaltinischem Dialekt sagen „Kommt Kinder, wir gehen nach MC Burger!"

Saß vor 30 Jahren unsere Oma jeden Morgen und jeden Abend in der Küche und schmierte Leberwurst- und Teewurstbrote für ihre Katzen (was sie nebenbei bemerkt mit Wonne und glücklichem Schnurren vertilgten!), so muss es heute das vegane Pastetchen, das BIO-Rindsgeschnetzelte mit Sößchen oder gerne auch mal die ganz spezielle laktosefreie Katzenmilch sein – Tier ist halt, was es isst!

Leider spiegelt sich in unseren Tieren auch die Gesellschaft wieder. Die Anzahl der tatsächlich adipösen Hunde und Katzen hat in den letzten Jahren deutlich zugenommen. Ein Extremfall bei uns war bisher eine amerikanische Bulldogge, die so fett war, dass sie (bzw. in diesem Fall ein "Er") nicht einmal mehr das Bein heben konnte und beim Pinkeln regelmäßig umfiel.

Ein geruchsintensiver Beginn

Nachdem nun alle Genehmigungen vorlagen, konnten wir durchstarten und die ersten Gäste beherbergen. Die Katzenunterkünfte waren zwar noch nicht ganz fertig, aber zwei der Besucherzimmer konnten schon bezogen werden. Ja und dann kamen die allerersten Gäste: drei unkastrierte Frettchen! Es handelte sich wieder einmal um einen Notfall und wir haben in damaliger Unkenntnis dessen, was uns erwartet, zugesagt und diese possierlichen Tierchen bei uns aufgenommen.

Wie jeder weiß, ist das Frettchen (Mustela putorius furo) eine Unterart des europäischen Iltisses. Das Frettchen ist nachweislich schon seit 400 v.Chr. domestiziert und wurde z.B. in Griechenland vorwiegend für die Jagd und später auch in Europa für die Bekämpfung von Ratten- oder Kaninchenplagen eingesetzt. Heute ist der Jagdtrieb dieser durchaus possierlichen Tierchen nicht mehr ganz so wichtig und sie werden von - in meinen Augen bewundernswerten - Menschen als Haustier und Wegbegleiter gehalten.

Diese Frettchengruppe, bestehend aus zwei Rüden und einer Fähe (also zwei Jungs und ein Mädchen), zog jedenfalls bei uns in die mardermäßig artgerecht eingerichtete Unterkunft ein. Wir waren alle wirklich aufgeregt - die ersten Gäste sind ja schon so ein bisschen wie das erste Auto oder der erste Sex - und erfreuten uns an der sprichwörtlichen Niedlichkeit dieser flinken Tierchen – bis dann der nächste Morgen kam. Ja, der nächste Morgen. Zunächst mussten wir feststellen, dass sich die Tür zur Raubtierherberge etwas schwerer öffnen ließ als sonst und es schlug uns ein Extremduft entgegen, welcher mich wieder einmal an die Geruchsintensität unserer im Nachbarort befindlichen Abdeckerei erinnerte. Nachdem ich die einzig übriggebliebene Stubenfliege, welche mit einer weißen Fahne wedelnd verzweifelt den Ausgang suchte, in die Freiheit entlassen und unter Missachtung partiell einsetzender Seh- und Atemstörungen das Fenster aufgerissen hatte, normalisierten sich wieder Blutdruck und Atemfrequenz und wir konnten uns um die Versorgung unseres Trios kümmern.

Frettchen sind in der Hauptsache Fleischfresser und unsere Gäste gingen auch ganz brav auf das Katzenklo. Bei der Reinigung desselben musste ich feststellen, dass beim Anblick der Gewaltigkeit der Hinterlassenschaften dieser kleinen Tiere jeder schwarzbunte Weidebulle vor Neid erblasst wäre! Die Tierchen waren an herkömmliches Katzenfutter gewöhnt und wir kredenzten es ihnen liebevoll auf Omas gutem Porzellan – aus Dankbarkeit biss mir Georg, der Chefstinker, in den Finger und das zarte Pflänzchen unserer Freundschaft nahm leider dauerhaften Schaden. Eine gute Seite hatte die ganze Sache mit den Frettchen allerdings auch: der intensive Körperkontakt sorgte dafür, dass meine liebe Gattin und ich beim abendlichen Kinobesuch aus unerfindlichen Gründen auf den besten Plätzen ganz alleine saßen, was mich dann wieder milde gegenüber Georg stimmte.

Der erste Hund und die erste Katze ließen dann auch nicht lange auf sich warten und beide hielten uns bis an ihr Lebensende die Treue.

Ansonsten sprach sich die Möglichkeit der Beherbergung aller Fellnasen oder gefiederter Zeitgenossen schnell herum und bereits nach wenigen Wochen waren wir das erste Mal ausgebucht und hatten Spaß daran, unseren Gästen eine unvergessliche Ferienlagerzeit zu bescheren. Wie anspruchsvoll die ganze

Sache des Öfteren werden würde, konnten wir zu diesem Zeitpunkt noch nicht ahnen.

Von Persern, Siamesen und anderen Hoheiten

Der subjektive Eindruck ist sicherlich ein anderer, aber Katzen sind die beliebtesten Haustiere der Deutschen. Allen voran die „Europäisch Kurzhaar", einer noch sehr jungen Rasse. Bei uns auf dem Dorf sagen wir allerdings nur Stragrami, was für „Straßengrabenmischung" steht. Oftmals vermutet man bei diesen Katzen auch eine Beteiligung eines Hamsters oder einer Rennmaus beim Zeugungsakt, aber wer weiß das schon so genau. Diese Samtpfoten-Tiere sind in der Regel recht robust und auch in der Pflege nicht sonderlich anspruchsvoll. Wir haben selbst zwei Hauskater namens Erich und Alfred, deren einziger Lebensinhalt darin besteht, zu fressen, zu schlafen und in den kurzen Wachzeiten irgendwelchen Schaden in der Wohnung anzurichten.

Und dann gibt es da noch die Exzellenzen und Diven aus der Abteilung der Rassekatzen. Mittlerweile gibt es in Europa mehr als 100 verschiedene Rassekatzen und wir hatten in den vielen Jahren unseres Bestehens schon sehr viele davon bei uns zu Besuch. Wechselt der Stragramikatzenwelpe in der Regel für lau oder gegen ein ordentliches Besäufnis den Besitzer, so kann man im Gegensatz dazu für eine edle Rassekatze durchaus schon mal das Salär für einen zweiwöchigen Karibikurlaub ansetzen. Mit Vollpension, versteht sich.

Diese Hoheiten sind sich in der Regel ihrer Wertigkeit bewusst und lassen uns stets spüren, was wir für sie sind: niederes Fußvolk, dessen einziger Lebensinhalt darin zu bestehen hat, die jeweilige Majestät zu versorgen, zu pflegen und ihr auch ansonsten jederzeit Untertan und zu Diensten zu sein. Es ist immer wieder beeindruckend, mit welcher Intensität der Mensch von einer Katze dieser Herkunft mit Ignoranz bestraft werden kann.

Kommt der Besitzer einer Stragramikatze in der Regel mit dem Körbchen und ein paar Dosen Futter für den Ferienaufenthalt der Mieze vorbei, so sieht es bei Rassekatzenhaltern oftmals ganz anders aus, was immer wieder ein Beweis dafür ist, dass der Hofstaat des royalen Fellmonsters in seinem Sinne funktioniert.

Bereits das Einchecken einer Rassekatze ist einer Beschreibung würdig:

Zunächst einmal ist es nahezu unmöglich, die Utensilien, welche zur Betreuung einer Diva notwendig sind, in einem Opel Corsa oder gar einem Smart zu transportieren – hier bedarf es mindestens eines großen Kombis oder eines SUV (Umweltfreundlichkeit ist in diesem Fall zweitrangig), und dieser darf dann neben der Katze auch nur mit maximal zwei weiteren Personen belegt sein. Beim Öffnen des Kofferraumes erblickt man eine Ausstattung, welche hinsichtlich ihrer Menge mitnichten als „handelsüblich" bezeichnet werden kann. Diese wird in der Unterkunft verteilt und wir Herbergseltern hoffen, die Katze jederzeit in dem nun vorhandenen Irrgarten wiederzufinden. Unsere Zimmer sind komplett eingerichtet, was aber des Öfteren nicht dem Geschmack der Katze oder dem heimischen Feng Shui des Tieres entspricht, weshalb kurzerhand die vorhandene Einrichtung entsorgt und die Edelmöbel des Gastes an allen neuralgisch wichtigen Punkten platziert werden.

Danach kommt es dann zum heikelsten Thema der Katzenbetreuung – dem Futter. Selbstverständlich garantieren wir eine Rundumversorgung, was jedoch für den verwöhnten Edelgast zu profan ist. Da sich unsere Gäste bei uns wohl fühlen sollen, ist es für uns natürlich kein Problem, die Versorgung auf Basis heimischer Delikatessen durchzuführen. Da werden Döschen für jeden einzelnen Tag - durchnummeriert und mit Datum versehen - mit Filetstücken in Kobequalität oder anderem Biofleisch befüllt. Diese müssen dem edlen Gast dann täglich zu genau festgelegten Zeiten kredenzt werden. Eine Abweichung von diesen vorgegebenen Zeiten zieht bestenfalls nur eine umgehende tierpsychologische Behandlung des Tieres nach sich oder das Tier zeigt seinen Unmut, indem es das Pflegepersonal komplett ignoriert.

Manchmal, aber nur manchmal, ist es auch ganz anders. Es gibt Katzen edler Abstammung, welche dieser ganze Hofstaat nervt und die es dann bei uns genießen, sozusagen mal die Sau herauszulassen. Diese Gäste toben dann wie wild durch die Gegend und pfeifen auf adlige Herkunft und Etikette. Und das ist gut so.

Ein Papagei ist auch nur ein Mensch

Auch, wenn die Population der Vögel nicht mit der von Katzen oder Hunden verglichen werden kann, so haben wir doch regelmäßig eine Vielzahl von gefiederten Gästen bei uns im Haus. Allen voran der Wellensittich, gefolgt von Nymphensittichen und Graupapageien bis hin zu Amazonen und als Krönung Aras oder Kakadus.

Man mag es kaum glauben, aber diese Vögel haben teilweise eine unglaubliche Persönlichkeit, Geschmack, Stolz und vor allem auch Humor! Sei es Horst, der Graupapagei, der mich jeden Morgen mit einem fröhlichen „Morjen alter Sack" begrüßt, oder Gelbbrustara Mücke, dessen Musikgeschmack hoffen lässt.

Wellensittiche sind da vergleichsweise anspruchslos, reden eher selten, machen aber einen unglaublichen Dreck. Wenn wir Wellen- oder Nymphensittiche zu Gast haben, sieht es nach kurzer Zeit unter dem Käfig aus wie unter einem sommerlichen Schwalbennest.

Das mit dem Dreck ist aber auch für die anderen gefiederten Gästen durchaus typisch. Manche großen Papageien legen beim Schmausen das Verhalten eines Hamburger Luden an den Tag, wenn ihnen das Essen nicht zusagt.

Manchmal möchte ich wissen, worüber sich vier Wellensittiche so unterhalten. Machen sie unanständige Witze? Reden sie übers Wetter? Machen sie sich lustig über den komischen Zweibeiner oder zwitschern sie gar über Sex? Man kann es nur erahnen.

Anders verhält es sich da mit den größeren gefiederten Artgenossen, allen voran der sehr sprachbegabte Graupapagei. Hier ist Horst der graue Vogel der Herzen. Er sabbert - wie man hier sagt - sprichwörtlich die Glucke vom Nest! Sein Vokabular ist das eines gestandenen Bauarbeiters und dementsprechend nicht immer jugendfrei. Ihm ist jeglicher Anstand egal und er beglückt die Menschen mit seinen Zoten. Sein Wortschatz ist gigantisch und er beeindruckt nicht nur durch sein Vokabular, sondern auch durch die Klarheit seiner Aussprache.

Ja und dann haben wir noch Mücke, unseren Gelbbrustara. Mit 18 Jahren ist er ein psittacider Teenager und ein prachtvolles Tier. Anders als seine Artgenossen stellt er nur minimale Ansprüche an seine täglichen Mahlzeiten. Obst und Gemüse verschmäht er,

Körnerfutter und Orangensaft unserer regionalen Mosterei genügen ihm vollauf für sein Glück. Ansonsten ist er flugunfähig aber tiefenentspannt und ist schon seit vielen Jahren regelmäßiger Gast bei uns. Er sitzt dann mit bei uns am Arbeitsplatz und genießt die Moderation und die Musik unseres Heimatsenders. Hier haben wir alsbald festgestellt, dass Mücke ein äußerst musikalischer Geselle ist. Es gibt für ihn nichts Schöneres, als nach lauter Musik zu tanzen und zu trällern. Allerdings stellt ihn nicht jede Musik zufrieden. So rastet er bei Hardrock förmlich aus (guter Vogel) und bei Volksmusik lässt er phlegmatisch die Flügel hängen (guter Vogel) Über Geschmack lässt sich ja bekanntlich trefflich streiten, aber ich persönlich finde, dass ihn sein Musikgeschmack sehr sympathisch macht.

Da sich unser Domizil, wie eingangs erwähnt, mitten im Wald befindet, ist es interessant zu sehen bzw. zu hören, wie sich die Wildvögel und unsere Gäste gegenseitig zuzwitschern. Stellt sich auch hier die Frage: zwitschern sie alle in derselben Sprache? Haben manche vielleicht einen Akzent oder einen Dialekt wie meine sächsischen Freunde und Familie? Oder zwitschern sie gar alle in einer anderen Sprache und ein Vogel ist der Sprachmittler?Ich hoffe, wir werden das Geheimnis in den nächsten Jahren noch lüften.

Ein Tröpfchen gegen jedes Wehwehchen

Die allermeisten unserer Gäste sind quietschfidel und munter und trotzdem ist es manchmal nötig, einen kompetenten Doktor für alle animalischen Probleme zu besuchen - und hiermit meine ich mitnichten den Kammerjäger. In den letzten Jahren hat sich die Anzahl niedergelassener Tierärzte vervielfacht und alle, die wir kennen haben stets volle Wartezimmer. Es gibt auch hier mittlerweile nicht nur den klassischen Landtierarzt, sondern immer mehr Spezialisten oder ganze Kliniken nur für Tiere.

So gibt es neben den schon genannten Tierpsychologen spezielle Tierzahnärzte, Onkologen, Radiologen oder Osteopathen. Auch gibt es Spezialisten nur für besonders wertvolle japanische Fischlein, wozu wir später aber noch kommen werden.

Bleiben wir zunächst bei dem klassischen Tierarzt für die Rundumversorgung. Hier werden wir immer wieder gefragt, ob wir einen bestimmten Tierarzt empfehlen können und müssen dies immer wieder verneinen, da es auch in dieser Branche schwarze Schafe gibt.

Ein Beispiel: Einer unserer Gäste - in diesem Fall ein Dobermann - hatte von einem Tag zum anderen Probleme mit dem Aufstehen und sein Appetit war auch nur mäßig. Normalerweise haben wir unsere Haustierärztin, die auch zu uns in die Pension kommt. Leider hatte sie Urlaub und wir fuhren zu ihrer Vertretung. Diese teilte uns ohne durchgeführte Untersuchung mit, dass sie nichts machen könnte, drückte uns eine Monstertablette in die Hand und sagte nur: „6,50€" - das fiel dann in die Rubrik der dunklen Wolllieferanten. Der Dobi wurde dann von einem anderen Tierarzt behandelt und es ging ihm bald wieder gut.

Was wir allerdings leider in den letzten Jahren vermehrt feststellen mussten, ist die Zunahme von Herz-Kreislauf- und Gelenkerkrankungen, was zum Teil auf Überzüchtung und Importe aus dem osteuropäischen Ausland zurückzuführen ist, aber auch auf die falsche Ernährung der Tiere. Es ist manchmal kaum zu glauben, wie häufig unsere Gäste täglich Unmengen an Medikamenten oder teurem Spezialfutter zu sich nehmen müssen oder sogar Goldimplantate in den Gelenken haben.

Interessant ist auch die zauberhafte Welt der Nahrungsergänzungs- oder homöopathischen Mittelchen für unsere Haustiere. Manchmal kommen Gäste zu uns mit einem Arsenal an Pülverchen und Tröpfchen, welche jeden Apotheker zutiefst beeindrucken würden. Es gibt für oder gegen alle echten oder vermeintlichen Probleme etwas.

Hat man früher, z.B. bei Hunden, etwas Futterkalk, Öl oder auch ein rohes Ei gefüttert, so muss es heute das Grünlippmuschelextrakt oder Quercetin und Astragalus sein - und das mindestens mit EPA70. Ich habe den Eindruck, dass für manche Tierhalter der Kauf im Internet einem Besuch bei einem großen schwedischen Möbelhaus gleicht: sie wollen alle nur mal gucken!

Auf den einschlägigen Internet-Seiten zu Tiernahrung & Co. werden - wie auch bei dem besagten Möbelhaus - Bedürfnisse geweckt, die vorher gar nicht existierten. Selbstverständlich sind auch wir rund um die Uhr um das Wohl unserer Schützlinge besorgt. Dies nimmt allerdings manchmal seltsame und durchaus auch grenzwertige Formen an, wie z.B. im Falle des Chihuahuas Magnum – einer deutschen Dogge, gefangen im Körper eines viel zu kleinen Hundes. Magnum kam - man mag es kaum glauben - mit einer Vorhautverengung zu uns. Für die Besitzer war das kein Problem, aber für die Dauer des Aufenthaltes bestand unsere Aufgabe darin, allmorgendlich den kleinen Mädchenbeglücker mittels Wasserspritze wieder in Form zu bringen. Ich hoffte jedes Mal inbrünstig, dass mich niemand dabei beobachtet, wie ich den Schniedel dieses kleinen Giftzwergs mittels Spritze aufblies.

Während dieses Vorgangs hielt Magnum außergewöhnlich still und ich sah in seinen Augen tief sitzende Lüsternheit und Laszivität – den Rest überlasse ich der Fantasie des Lesers.

Kleine Hunde und große Egos

Die Gruppe der bellenden Vierbeiner ist vielleicht nicht die größte, gehört aber bestimmt zu den interessantesten und zu denen der großen Emotionen . In Deutschland und Europa gibt es schätzungsweise ca. 350, weltweit ca. 800 verschiedene Hunderassen. Dazu kommt noch die schier unendliche Anzahl an Dokös. Der kleinste Hund, welcher bei uns zu Gast war, wog ausgewachsen 700g, der größte Hund hingegen stolze 110kg. Man kann somit sagen, dass wir durchaus weitreichende Erfahrungen mit Hunden jeglicher Form und Größe und der unterschiedlichsten Rassen haben.

Ein weitverbreitetes Phänomen ist, dass gewisse Rasseliebhaber sich auch optisch ihren Vierbeinern anpassen und teilweise leicht zu erkennen ist, zu wem ein Hund gehört. Zwar gibt es gewisse genetisch bedingte Rassestandards, welche sich auf die jeweiligen Tiere anwenden lassen, jedoch hat jeder Hund seinen individuellen Charakter.

Nehmen wir zunächst die kleinsten Hunde, wie z.B. den Klassiker: den Chihuahua. Kaum größer und schwerer als eine Bierdose, aber ein Selbstbewusstsein wie Schwarzenegger auf Speed. Wir hatten schon Minihunde zu Gast, welche morgens ihr Spiegelbild betrachteten und der Meinung waren, einen ausgewachsenen Rottweiler zu sehen. Es verhält sich zum Teil wie bei so manchem kleinen Menschen: mangelnde Körpergröße wird durch ein gesundes (oder manchmal auch übersteigertes) Selbstbewusstsein kompensiert.

Ganz anders ist es mit den größeren und, noch spezieller, mit den sogenannten „Kampfhunden". Was für eine furchtbare und in der Regel unpassende Bezeichnung! In manchem West Highland Terrier steckt mehr Kampfhund als in einer deutschen Dogge. Bestes Beispiel ist unser Stammgast „Chico", ein ungarischer Hütehund mit den Ausmaßen eines Bulldozers und der Sensibilität eines Zwergkaninchens. Chico liebt es, zu kuscheln und fängt fast an zu hyperventilieren wenn man ihn nur etwas lauter anspricht. Er hat allerdings auch seinen eigenen Kopf und wenn er beim Spazierengehen in eine gewisse Richtung gehen will, dann geht er auch in diese Richtung – egal, wer sich am anderen Ende der Leine befindet.

Der Stellenwert des Hundes hat sich in den letzten 30 Jahren stark verändert. War der Hund früher eher ein Gebrauchshund, so ist er heute immer häufiger ein vollwertiges Familienmitglied. Ein Zustand, der allerdings manchmal auch bizarre Formen des Zusammenlebens von Mensch und Tier zutage fördert.

So kam zum Beispiel vor ein paar Jahren ein Ehepaar zu uns, welches sich einen Welpen zulegte, in dem Fall eine Berner Sennenhündin. Die war natürlich klein und knuffig und das Kindchenschema griff mit voller Wucht. Das Paar bewohnte ein doppelstöckiges Einfamilienhaus in meinem Heimatdorf. Oben war das Schlafzimmer nebst Gästezimmer und kleinem Bad, unten befanden sich die restlichen Räume. Selbstverständlich schlief der ach so süße Welpe mit im ehelichen Nachtlager und wurde auch noch die Treppen hoch getragen. Irgendwann war die liebe Kleine dann so groß, dass auf der ehelichen Matratze kein Platz mehr für zwei Personen und einen Hund war. Das Ende vom Lied war, dass ein zweites Ehebett gekauft wurde, die Hundehalter sich getrennt schlafend in jeweils eines der beiden Doppelbetten legte, und die Prinzessin allabendlich entscheiden konnte, wem sie für die Nacht ihre wohlwollende Aufwartung machen würde.

Leider wurde sie irgendwann nicht nur zu groß, sondern auch zu schwer, um die Treppe hochgetragen zu werden, und selbständiges Treppen steigen hatte sie ja nie gelernt.

Das Ergebnis war, dass die Hündin die ganze Nacht am Fuße der Treppe herzerweichend gejault hat, was nicht nur dem Ehepaar den Schlaf raubte, sondern auch der gesamten Nachbarschaft. Das Problem wurde also mit stoischer Gelassenheit angegangen und auch gelöst: Das Haus wurde nahezu komplett umgeräumt. Das Schlafzimmer inklusive der beiden Doppelbetten kam in das ebenerdig liegende Wohnzimmer und umgekehrt. Der Hund war glücklich und die Familie sowie die Nachbarn hatten wieder Ruhe. Traurige Ironie war in diesem Fall, dass die Hündin nur wenige Monate später einem Herzleiden erlag.

Betrachtet man eine Partnerschaft mit Hund, so ist es interessant, herauszufinden, welchen Stellenwert in dieser Konstellation der Hund und welchen Stellenwert der Mann hat. Am besten zu sehen ist dies bei der morgendlichen Verabschiedung:

Sie zum Hund:

Sei fein artig!

Warte schön auf mich!

Mama wünscht Dir einen tollen Tag!

Mama kommt gleich wieder!

Du brauchst keine Angst zu haben!

Mama bringt Dir auch ein Leckerli mit!

Heute Abend kuscheln wir dann ganz, ganz dolle!

Mama freut sich schon! u.s.w.

Sie zu ihrem Mann:

Tschüss!

Vergiss nicht, Brot mitzubringen!

Das Leben mit Hund kann schon manchmal hart sein.

Hier passt auch eine Episode einer meiner eingangs erwähnten Brüder im Geiste. 1984 - also mit 18 Jahren - lernte ich meine Freunde Alf, Torsten und Max kennen. Wie es manchmal im Leben so ist: zwischen uns stimmte sofort die Chemie, unsere Macken waren kompatibel und wir sind heute, 35 Jahre und ein gefallenes Land später, immer noch befreundet. Zu diesem Zeitpunkt war ich von unserem Kleeblatt das einzige Dorfkind und auch der einzige mit einem umfassenden Erfahrungsschatz hinsichtlich der Haustierwelt. Alf stammte aus einer Bergarbeiterstadt im Erzgebirge, Torsten aus einer thüringischen Kleinstadt und Max aus einer Textilarbeiterstadt im Vogtland. Wie schon gesagt – Tiere interessierten uns zu dieser Zeit so gut wie gar nicht. Das änderte sich jedoch nach der Wende. Wir gründeten alle Familien, standen irgendwann mit beiden Beinen im Berufsleben und die ersten eigenen Tiere zogen ein. Alf legte sich eine Katze zu, Torsten hatte zwar keine Tiere, da seine Frau panische Angst davor hatte, betreute aber liebevoll ein Kätzchen in seiner Zweitwohnung und mein Freund Max kam auf den Hund. Aus einem Hund wurden irgendwann drei oder vier und diese kleinen Monster bestimmten fortan sein ganzes Leben. Selbstverständlich durfte die ganze Meute auch mit im Ehebett schlafen, was natürlich ein nächtliches Eheleben, sagen wir mal, in einen suboptimalen Kontext stellte. Irgendwann war auch in diesem Bett kein Platz mehr für alle da und Max löste das Problem, indem er eine 80 cm breite gepolsterte Platte zwischen den Betten einbaute, auf welcher dann die Majestäten ruhten. Die Herausforderung lag darin, dass die lieben Kleinen auch entschieden, ob eine gepflegte Beiwohnung des Paares stattfinden durfte oder nicht – ein kurzes Zähnefletschen und sämtliche eventuell zuvor bestehenden Gelüste waren dahin. Mein alter Freund muss gerade im Winter oftmals nachts arbeiten und kommt dann erst in den frühen Morgenstunden nach Hause. Wenn dann sein Bett natürlich schon durch einen Hund belegt ist, zieht er brav ins Wohnzimmer um und bettet sein müdes Haupt aufs Sofakissen - man kann doch so früh nicht einfach den Hund wecken!

Dann gibt es insbesondere unter den Hundehaltern noch die Zeitgenossen, für welche der Stammbaum des Hundes das wichtigste Gewächs in ihrem Leben ist. Diese Menschen fahren in ihrem SUV mit dem Verbrauch eines schlecht eingestellten Leopard-Panzers vor, würden ihrem hochadligen vierbeinigen Begleiter am liebsten das Herkunftszertifikat für alle sichtbar auf die Stirn tackern und kommen dann in unseren Laden, um das billigste Futter zu kaufen: Der Hund muss doch nur satt werden! Nun gut – es gibt auch solche Leute.

Roger Rabbit & seine Freunde

Kommen wir nun zu einer mittlerweile wirklich ganz besonderen Haustierpopulation, mit welcher wir in unserer Pension regelmäßig unsere helle Freude haben: nicht nur Kaninchen und Meerschweinchen, sondern auch Hamster, Ratten oder Wüstenrennmäuse. Hielten wir früher Kaninchen und Meerschweinchen im Stall - die Langohren für den Sonntagsbraten, die Meerschweine als Bollwerk gegen die Ratten - so hat sich heute auch hier das Bild grundlegend geändert.

Es gibt heute im Fachhandel allerlei sinnvolles und auch weniger sinnvolles Zubehör, eine schier unüberschaubare Menge an Futtersorten und Super-Bio-Öko-Berg-und-Waldwiesenheu und es gibt Kaninchenschutzverbände. Früher ist auf dem Dorf kaum ein Kaninchen an Altersschwäche gestorben, heute werden sogar lebenserhaltende Maßnahmen eingeleitet. Das ist gut so und fördert auch einen besseren Umgang mit unseren tierischen Mitgeschöpfen.

Jedoch erleben wir auch hier immer wieder die lustigsten Auswüchse, wie z.B. im Fall einer Kundin, die regelmäßig ihre acht Kaninchen in unsere Obhut gibt. Eigentlich sind es die Kaninchen ihrer Tochter, aber seitdem diese in eine andere Stadt gezogen ist, liegt die verantwortungsvolle Aufgabe der artgerechten Versorgung der Nagetiere bei der Mutter. Das kennen wohl viele Eltern. Die Muckel tragen alle so klangvolle Namen wie Lagerfeld, Chanel oder Dior und werden auch entsprechend behandelt und hofiert.

So entspricht die Unterkunftseinrichtung der einer gehobenen Penthauswohnung und auch hier kommt ausschließlich Biogemüse auf den Esstisch. So gibt es beispielsweise einen extra Klimakühlschrank nur für das Futter der Fellknäuel – ich wusste bis dahin gar nicht, dass es so etwas überhaupt gibt!

Die in meinen Augen am meisten unterschätzen Nagetiere sind tatsächlich Ratten. Hier muss man allerdings sagen, dass sich die weit verbreiteten Farbratten von den frei lebenden Ratten nicht nur im Aussehen, sondern auch von der Größe und vom Charakter her absolut unterscheiden. Wir haben ja jahrelang selbst Ratten gezüchtet und hatten sehr viel Spaß an diesen possierlichen Tierchen. Unter anderem wohnte bei uns ein sehr potenter Ratterich namens Willi, dessen äußere Geschlechtsmerkmale beeindruckende 30% des gesamten Körpers ausmachten. Er machte seinen Job als Deckratte sehr gut und zeugte Nachkommen in der Anzahl der Bewohner einer mittleren Kleinstadt. Willi saß abends neben unserer Katze auf der Couch und erholte sich von seinem anstrengenden Tagwerk, obwohl er eigentlich immer konnte – beneidenswert! Willi wurde drei Jahre alt und selbst in der Nacht, als ihn der Sensenratterich holte, verteilte er nochmal seine Gene und zeugte seine letzten acht Nachkommen. Ein traumhaftes Leben.

Mittlerweile gibt es in Deutschland auch sehr viele exotische Nagetiere wie Chinchillas, Degus oder Rennmäuse. Gleich mehrere Gesellen der Gattung Rennmäuse haben uns vor ein paar Jahren in Trab gehalten. Die Rennmäuse, sechs an der Zahl, kamen zusammen mit einen kreuzgiftigen Chihuahua und einer Katze zu uns zwecks Betreuung in die Pension. Der Chihuahua und die Katze kamen gemeinsam in die Katzenunterkunft und die sportlichen Nager bewohnten einen eigenen Käfig.

Besagter Käfig war schon etwas lädiert und stand sozusagen mit dem Rücken zur Wand. Eines Morgens bekamen wir einen gewaltigen Schreck, da wir im Käfig keine einzige Rennmaus mehr sahen. Beim Nachschauen stellten wir fest, dass sie in gemeinschaftlicher Arbeit auf der Wandseite ein Loch in die Käfigwand gefressen hatten und gut getarnt nur darauf warteten, dass der Käfig von der Wand abgerückt wurde und der Ausbruch ala Monte Christo gewagt werden konnte. Was sie dann auch taten. Und dies selbstverständlich nicht ohne mir vorher den Stinkefinger und die ausgestreckte Zunge zu zeigen. In dieser Situation war natürlich zunächst guter Rat teuer und ich schloss blitzschnell alle umliegenden Türen zu, um die kleinen Biester an einer weiteren Flucht zu hindern. In diesem Moment war gerade ein Kunde mit Schultern wie bei Bud Spencer im Laden, den ich dann zwecks Einsammeln der flüchtigen Nager zu Hilfe holte. Als dieser die possierlichen Tierchen sah, kreischte er laut „Iiih, Mäuse!" und verließ fluchtartig den Raum. Ich habe dann alleine alle wieder eingesammelt und den Käfig wie Fort Knox verrammelt und verriegelt.

Dabei hätte ich das Problem ganz einfach lösen können. Die Besitzer erzählten uns später, dass die Mäuse zu Hause regelmäßig auf Wanderschaft gingen und die Katze sie dann wieder im Garten einsammelte und zurück in den Käfig brachte. Gut – eine Katze als Hilfe zum Einsammeln zu nehmen, hielt ich zum Zeitpunkt der akuten Gefahrenlage eher für suboptimal. Man lernt eben sein Leben lang dazu.

Namen sind nicht Schall und Rauch

Auch die Frage der Namensgebung hat sich im Laufe der Jahre und Jahrzehnte verändert und ist nicht zu unterschätzen. Hier kann man sogar von gewissen Klassifizierungen sprechen.

Die Klassiker

Die klassischen Tiernamen sind eigentlich auch heute noch fest umrissen. Ohne eine gewisse Rangfolge aufzustellen, haben wir hier Namen wie Waldi, Bello, Minka oder Susi – ohne viel Schnickschnack auf den Punkt gebracht.

Die Vornehmen

Hier finden wir Namen wie Herr Schröder, Frau Müller oder – das gibt es wirklich – Herr Amtsleiter.

Die Politischen

Diese Art der Namensgebung hat tatsächlich in den letzten Jahren zugenommen. So finden wir besonders bei zwei gemeinsamen Tieren im Haushalt Namen wie Karl und Marx, Friedrich und Engels, Nero, Lenin oder Frau Bundeskanzlerin.

Die Food-Fraktion

Eigentlich haben wir hier alles vertreten, was irgendwie oral konsumiert werden kann: Whisky, Weinbrand, Cognac, Wodka oder einfach Erbse oder Stulle – der Fantasie sind hier keine Grenzen gesetzt.

Die Künstler

Meist drücken hier die Besitzer ihre Liebe zu einem bestimmten Künstler aus, wie z.B. Madonna, Helge, AC und DC oder Lennox.

Und, last but not least, gibt es noch

Die nicht ganz ernst gemeinten

Das sind jene Halter, bei denen der Name eher eine untergeordnete Rolle spielt. Sie nennen ihre Tiere einfach Hund, Katze, Ratte, Dödel oder Blödmann.

Ich denke mal, dass unseren Tieren der Name eigentlich völlig egal ist. Solange wir sie gut behandeln, werden sie auf jeden Namen reagieren und selbst die adeligste Katze pellt sich sozusagen ein Ei darauf, wie sie gerufen wird, solange die Bediensteten für ausreichend Futter und Schmaus sorgen.

Erziehung ist (fast) alles

Hinsichtlich der Erziehung, insbesondere unserer Hunde, gehen die Meinungen naturgemäß auseinander. Heutzutage tummeln sich egal wo - ob vor Ort, im Internet oder bei einschlägigen Shows im Fernsehen - unzählige wirkliche und vermeintliche Hundeversteher. Auch die Anzahl der Hundevereine und Hundeschulen hat rapide zugenommen. Das Problem hierbei ist, dass jeder der Meinung ist, sein Konzept sei der heilige Gral der Hundeerziehung und es werden keine anderen Meinungen toleriert.

Einer meiner Lieblingssätze ist „eigentlich macht er/sie das (nicht)". Oftmals schaffen sich Leute Hunde an, deren Handling sie im normalen Alltag nicht bewältigen können oder die einfach nicht zu der jeweiligen Lebenssituation passen. So hat in meinen Augen ein Rottweiler nichts in einer kleinen 1-Zimmer-Wohnung zu suchen und auch, wenn er ein großes Ego hat: ein Chihuahua ist mitnichten ein Wachhund!

Die Krönung war mal ein Gast, ein Windhund, bei dem uns der Halter mitteilte „Der darf nicht hören!" Wie bitte? Auch, wenn der Grund für diese Ansage darin lag, dass besagter Hund Rennen lief und sich durch Zwischenrufe nicht ablenken lassen sollte, war es unmöglich, mit diesem Hund auch nur eine Runde unfallfrei Gassi zu gehen.

Ein fehler- und stressfreier Lauf an der Leine ist auffällig selten geworden. Ich selbst bin bestimmt kein Leichtgewicht, aber wenn ein Hund von 80 Kilo richtig Gas gibt, dann ist ihm egal, ob ich am anderen Ende der Leine hänge oder nicht.

Ein weiteres Thema ist die Reinlichkeit. Bei Katzen hat man hier weniger Probleme, aber wenn ein Hund - egal welcher Größe - ständig sein Geschäft aus Protest in den Innenräumen verrichtet, Geruchsschwaden wie damals vor Verdun durch unsere heiligen Hallen wabern und wir unter Mobilisierung letzter Kräfte mit gebrochenem Blick den Ausgang suchen, dann ist das nicht wirklich konstruktiv. Und wenn dann vom Besitzer kommt: „Na mein Kleiner, hast Du ein feines Käckerchen gemacht?", dann muss man durchaus länger als nur kurz innehalten.

Wir haben auch des Öfteren Gäste, welche unter Aufbietung aller verfügbaren Kräfte alles zerstören, was ihnen vor die Schnauze kommt. Ein weit verbreitetes Phänomen sind die von selbst explodierenden Kissen und Kuschelbetten. Die Ursachen dafür werden noch erforscht, aber wenn man hinterher die Blicke der Delinquenten sieht, dann weiß man: der Hund kann es einfach nicht gewesen sein!

Dann haben wir noch die Kletterkünstler. Wir hatten z.B. mal einen deutschen Schäferhund zu Gast, welcher regelmäßig die 2,20 m hohen Wände hinüberkletterte und unsere liebe Kollegin Frau Müller schwanzwedelnd an der Ladentür begrüßte. Selbstverständlich wurde sich zuvor am üppigen Leckerlibuffet bedient, dazu ist es schließlich da. Und auch in dieser Situation freut man sich über den Kommentar des Besitzers: „Das kenne ich, das macht er zu Hause auch."

Kommen wir zum Thema der Hundeschulen, Hundeplätze und Hundevereine. Es gibt z.B. Hundesportvereine, welche ausschließlich den deutschesten aller Hunde, den Schäferhund, akzeptieren. Mit Glück kann man sich hier auch mit seinem Altdeutschen Schäferhund oder seinem Malinois anmelden. Der deutsche Schäferhund ist der einzige Rassehund, alle anderen bestenfalls Mischlinge. In diesen Hundesportvereinen gibt es in der Regel ausschließlich kompetente Spezialisten in Sachen Hundeerziehung. Die Qualifikation besteht meist darin, seit mehr als einem Jahr einen Hund zu besitzen, wogegen wir als Profis natürlich blass aussehen. Wenn ein derartiger Spezialist zu uns in die Pension kommt und uns ausführlich zum Thema Hundeerziehung aufklärt, verneigen wir uns selbstverständlich ehrfurchtsvoll vor ihm. Reichten früher die gängigen Grundkommandos und eine gewisse Leinenführigkeit, so müssen es heute „Agility" und Schutzhundqualitäten sein, egal, ob man es braucht, oder nicht.

Anders sieht es mit den unzähligen Hundevereinen aus, welche sich dem Spaß an und mit den Hunden verschrieben haben. Hier wird viel von- und miteinander gelernt und es steht in der Regel tatsächlich der Spaß im Vordergrund. Wir arbeiten schon seit vielen Jahren mit einem solchen Hundeverein zusammen und befruchten uns sozusagen gegenseitig.

Auch sind in den letzten Jahren unzählige mehr oder weniger professionelle Hundeschulen auf den Markt gekommen. Da der deutsche Durchschnittshundebedienstete in der Regel seinen Vierbeiner geradezu vergöttert, gibt er auch gerne viel Geld für ihn aus. Und das ist oftmals auch er größte und einzige Effekt des Besuches einer Hundeschule: man gibt viel Geld aus. Letztendlich liegt es, wie so oft im Leben, im Auge des Betrachters und solange man Spaß an der Sache hat und niemand zu Schaden kommt, ist das kein Problem.

Großen Respekt habe ich immer wieder vor Menschen, welche sich ohne kommerzielles Interesse um echte Problemhunde kümmern und ihre ganze Freizeit und Kraft dafür einsetzen. Ich hatte das Glück, in den letzten 20 Jahren viele solche Menschen kennenlernen zu dürfen und wir werden ihnen auch weiterhin mit Rat und Tat zur Seite stehen.

Von Fischen, Reptilien und anderen Wasserbewohnern

Auch, wenn Fische nicht zu den üblichen Pensionstieren gehören, möchte ich ihnen und auch den anderen Exoten ein besonderes Kapitel widmen. Das hat vielleicht damit zu tun, dass wir bis vor ein paar Jahren noch Fische bei uns für den Verkauf beherbergten. Hier war eine lustige Flossenträgerschar vom gemeinen Goldfisch über die Plötze bis hin zum edlen Asiatischen Zierkarpfen alles vertreten und natürlich gibt es auch darüber etliche durchaus lustige Sachen zu berichten.

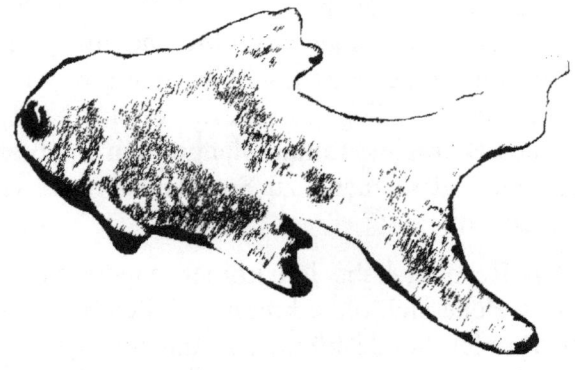

Ein großes Problem, das sich wie ein roter Faden durch unsere tägliche Arbeit zieht, ist, dass die Menschen sich ohne weitere Informationen Tiere zulegen, deren Pflege dann irgendwann nicht mehr zu bewältigen ist und die Tiere schlimmstenfalls entsorgt werden. Ich möchte hier besonders auf das Thema Teichfische eingehen. Ein sehr weit verbreiteter Irrglaube ist, dass sich der Fisch seiner Habitatgröße anpasst und irgendwann das Wachstum einstellt. Auch ein Fisch wird so groß, wie es sein Genpool vorgesehen hat, und da spielt es keine Rolle, ob er in einem Badesee oder einem Gartenteich mit 2000 Litern Wasser lebt. Ein weiteres Problem ist, dass viele der Teich- oder Aquarienbesitzer ihre heimischen Biotope überbesetzt haben, was zwangsläufig zu Problemen führt. Da es ja mittlerweile in fast jedem Baumarkt Fische zu kaufen gibt, fehlt hier natürlich der fachkompetente Hintergrund. Denn wenn man Badewannen oder Kloschüsseln verkauft, kennt man sich natürlich auch mit allerlei Wassergetier aus – naja.

Als sich noch verschiedene Fischlein in unseren Gefilden tummelten, mussten wir natürlich auch dafür Sorge tragen, dass die Tierchen in ihrem neuen Tümpel anständig behandelt werden. Denn auch ein Fisch hat Gefühle. Problematisch hierbei war, dass uns zwar viele Leute nach unserer fachlichen Meinung zu den verschiedensten Themen befragten, diese jedoch immer häufiger abgelehnt wurde, weil der Kumpel etwas anderes gesagt hat oder im Internet andere Dinge stehen. Wie jeder User weiß, wird das Internet streng kontrolliert und es werden nur fachlich fundierte und lektorierte Beiträge veröffentlicht. Da fragt man sich, wozu Fachleute außerhalb des Worldwide Web überhaupt noch nötig sind. Es kann nur wiederholt werden: Obacht mit dem Internet!

Da ein Gartenteich in der Regel ein relativ kleines Biotop ist, muss es sensibel behandelt werden. Des Öfteren kommt es zu Problemen z.B. mit Algen oder trübem Wasser. Hier braucht man jedoch nicht gleich in Panik zu verfallen, es gibt immer Abhilfe – wenn man dann den Richtigen fragt oder wie man in unseren Breiten auch sagt: fragen tut. Zu uns kam mal eine Dame, um einen kleinen Schwarm Goldfische zu kaufen. Also, es kam nicht nur eine Dame, es kamen auch schon andere, aber ich möchte jetzt hier über diese spezielle Dame berichten.

Bevor wir Fische verkaufen, wollen wir natürlich wissen, wo diese später planschen sollen und ob das zukünftige Wassergrundstück auch die notwendige Größe hat. In diesem Gespräch teilte uns die Dame mit, dass sie ein mittleres Algenproblem hätte. Wir offerierten ihr die verschiedenen Lösungsmöglichkeiten, welche sie allerdings alle ablehnte. Sie nahm 10 Goldfische mit und zog ihrer Wege. Bereits einen Tag später stand sie wieder bei uns und kaufte nochmal 10 Goldfische – was uns schon leicht verwunderte. Einen weiteren Tag später kaufte Sie nochmals 10 Goldfische und ich wollte von ihr wissen, was sie denn mit den ganzen Fischen machte. Sie antwortete: die sterben immer sofort. Da unsere Tiere alle gesund und munter waren, bohrte ich nochmal intensiver nach und fragte sie, ob sie vielleicht etwas am Teich verändert hätte, was sie mit nein beantwortete. Sie hätte nicht verändert bis auf ein Algenmittel, welches sie im ansässigen Baumarkt erworben hätte. Das Wasser wäre glasklar, aber die Fische sterben immer. Auf die Frage, was es für ein Algenmittel sei, holte sie eine Packung Chlortabletten aus der Tasche – der Teich war klar, aber dieses sterile Biotop wollten wir dann doch keinen weiteren Flossenträgern zumuten.

Eine besondere Stellung nehmen seit vielen Jahren die japanischsten aller Edelkarpfen ein: die Koikarpfen. Auch, wenn in unseren Breitengraden keine fünfstelligen Summen ausgegeben werden, wollen doch viele Teichbesitzer diesen König des Gartenteichs ihr Eigen nennen und greifen hier aus finanziellen Gründen gerne auf deutsche Nachzuchten oder Israelische Koi zurück. Natürlich gibt es auch hier ein schier unendliches Angebot an Futter, Zubehör und allen möglichen Mittelchen für die Gesundheit oder gegen Krankheiten der edlen Tiere. Wenn irgendwann die handelsüblichen Mittel nicht mehr helfen, gibt es mittlerweile spezialisierte Tierärzte, welche gegen ein entsprechendes Entgelt auch die zerknittertste Schuppe wieder gerade bügeln. Auch werden manchmal einzelne Fische direkt aus Japan importiert. Über die Frage des ökologischen Fußabdrucks muss man hierbei wohl besser nicht nachdenken.

Auch, wenn wir sie des Öfteren zu Gast haben: die Beweggründe, sich Reptilien zuzulegen werden sich mir wohl nie ganz erschließen. Nehmen wir beispielsweise den Gecko. Den ganzen Tag liegt er auf seinem warmen Stein, mutiert einmal am Tag zur Fütterungszeit für drei Minuten zum Raubdrachen und liegt dann wieder gelangweilt auf dem Schiefer.. Noch uninteressanter sind z.B. Vogelspinnen. Die fressen ja nicht mal jeden Tag und sitzen nur regungslos in ihrer Kiste. Einzig die Vertreter der gepanzerten Echsen, also Schildkröten, sind vorsichtig ausgedrückt etwas agiler. Hier muss man allerdings sagen, dass viele Gartenteichbesitzer den Tag verfluchen, an welchem sie die kleinen und niedlichen Rot- oder Gelbwangenschmuckschildkröten in das heimische Gartenteichbiotop entlassen haben. Die kleinen Tierchen nehmen oftmals irgendwann die Ausmaße eines mittelalterlichen Kutschenrades an und vertilgen alles, was nicht schnell genug unter dem Seerosenblatt verschwunden ist. Und auf all diejenigen, die es unter das Blatt geschafft haben, warten sie bis zur Dunkelheit und nuckeln sie dann als leckeren Abendschmaus darunter hervor.

Landschildkröten sind da weniger agil und in der Regel auch sehr genügsam. Wenn wir diese Spezies zu Gast haben, setzen wir sie im Sommer nach draußen auf die Wiese, wo sie so langweilig vor sich hindümpeln, dass selbst unser Hund Jo sie mit Ignoranz bestraft. Da sie ein salomonisches Alter von bis zu 100 Jahren erreichen können, sollte zumindest die Erbfolge geregelt sein.

Auch, wenn es eine Fangemeinde für Vogelspinne, Boa & Co gibt, spielen diese Tiere in einer Tierpension eine eher untergeordnete Rolle.

Mein Hund macht so was nicht! Von Herrchen, Frauchen und Bediensteten

Die wohl interessanteste Spezies befindet sich jedoch am anderen Ende der Hundeleine und sorgt bei uns immer wieder für Belustigung und auch teilweise für Verwunderung. Ich möchte mit meinem absoluten Favoriten unter den Aussagen von Hundebesitzern beginnen: „Mein Hund macht sowas nicht!", unmittelbar gefolgt von „Ups – das hat der ja noch nie gemacht!" Oftmals ist es leider auch so, dass z.B. bei eventuellen Beißvorfällen - was bei uns Gott sei Dank extrem selten passiert - die Schuld seitens der Besitzer generell bei allen anderen gesucht wird, denn: „Mein Hund macht sowas nicht!". Hier hilft auch in der Regel keine Überzeugungsarbeit und es hat keinen Zweck, weiter auf die entsprechende Problematik einzugehen.

Ansonsten gibt es natürlich regelmäßig Anekdoten, welche durchaus lustig oder manchmal auch etwas irritierend sind. Gerade diese Geschichten haben mich schlussendlich animiert, diese Büchlein zu schreiben.

Es gibt so viele lustige Geschichten aus unserem Alltag – wo soll man da anfangen?

Ich denke, ein guter Einstieg ist zunächst eine noch recht harmlose Geschichte: Ein bei uns untergebrachter Familienhund hatte laut Aussage des Besitzers abends ein Einschlafproblem. woraufhin wir vertraglich festlegten, dass wir ihm jeden Abend eine Geschichte vorlesen oder alternativ ein Schlaflied trällern sollten. Wir haben uns dann letztendlich für die Geschichten entschieden, da wir alle nicht über Carusos Gesangsorgan verfügen und im schlimmsten Fall der gegenteilige Effekt eintreten würde. Es hat aber tatsächlich funktioniert!

Ein anderer Gast, ein Kater, konnte nicht in Innenräumen auf das Katzenklo gehen, weshalb wir mit ihm an der Leine im Wald spazieren gehen mussten, damit er sich erleichtern konnte. Diese Situation entbehrte nicht einer gewissen Komik und jeder Gassigänger hoffte nur, von niemandem gesehen zu werden.

Sicherlich werden wir im Alter alle etwas wunderlich, aber hinsichtlich des nächsten Falles muss ich etwas weiter ausholen. Eines Tages kam eine ältere Dame in die Pension, um einen Ferienplatz für ihren Hund zu buchen. Es handelte sich um einen Rauhaardackel, der klassischerweise auch noch Waldi hieß. Die Frau war verwitwet, die Kinder waren alle aus dem Haus und somit nahm der Hund den Platz einer allumfassenden Bezugsperson ein. Der Dame gefielen die Gegebenheiten bei uns und sie buchte einen Platz für Waldi.

Am ersten Tag lieferte sie Waldi mit einem Sammelsurium an Körbchen, Spielzeug und Leckereien ab, die für einen Zeitraum von einer Woche für alle Gäste gereicht hätten. Unter anderem überreichte sie uns folgende Liste im Originaltext:

Waldis Tagesablauf

8.30-9.00 Uhr	Spaziergang für Lullerchen und Käckerchen (ca.1H)
11.30 Uhr	Mittagessen, 150g Feuchtfutter
bis 14 Uhr	Mittagsruhe (bitte für Ruhe sorgen, Waldi hat einen leichten Schlaf!)
ca. 14 Uhr	kl. Spaziergang, Lullerchen und Käckerchen 10-30 Min.

15 Uhr	kl. Imbiss, ¼ Kohrabi
	1 Kaustange
15-17.30 Uhr	Spielen (vor allem mit dem Ball)
18.30 Uhr	Abendessen (1 Leberwurst-schnitte, ¼ Harzer Käse
19 Uhr	kl. Spaziergang, Lullerchen und Käckerchen 10-30 Min.
19.30 Uhr	Nachtruhe

Besonderheiten:

Waldi ist sehr menschenbezogen,

er mag nur vereinzelt andere Tiere,

hat große Angst vor Knallen (auch bei Donner).

Falls es Schwierigkeiten gibt, bitte Frau H.(Handy.Nr.....) anrufen, dann wird Waldi sofort abgeholt!

Was sollte bei so einer Betriebsanleitung noch schief gehen? Problematisch war hier nur, dass die Dame auch analog so sprach und es uns schwer fiel, nicht loszulachen.

Eine etwas verstörende Geschichte war die Sache mit Thor, einem Weimaraner, der sein ganzes Leben lang regelmäßig bei uns zu Gast war. Da das Frauchen sehr reiselustig war, sahen wir uns durchaus bis zu fünf Mal im Jahr. Irgendwann kam auch für Thor das Unvermeidliche und er ging in das carnivore Walhalla.

Kurze Zeit später stand Thors Frauchen mit einem Stoffbeutel vor uns und sagte:„Thor wollte sich noch einmal von Ihnen verabschieden und sich für die jahrelange tolle Betreuung bedanken" und stellte flugs eine Urne und ein paar Fotos des aufgebahrten Hundes auf den Tisch. Wir legten daraufhin auf ihren Wunsch eine Gedenkminute ein. Sie zog noch weitere zwei Wochen mit Thor auf dem Beifahrersitz ihres Autos durch die Lande. Dieses Erlebnis sorgt noch heute bei uns allen für Gänsehaut.

Es gibt allerdings auch Situationen, die man nicht wirklich braucht. Jeder wird den Zustand des Fremdschämens kennen. Wie z.B. bei dem Besitzer zweier Blaustirnamazonen, der felsenfest davon überzeugt war, dass die Vögelchen ihn nur in einer gewissen Garderobe ernst nehmen. Aus diesem Grund hatte er ein extra Shirt und eine vogelgebundene Hose. Als er das erste Mal die Tiere brachte, stand er vor uns und ließ plötzlich in aller Öffentlichkeit unter absoluter Ignoranz der Anwesenheit anderer Gäste sämtliche Hüllen bis auf die Unterhose fallen. Die daraufhin einsetzende Stille war greifbar. Er zog in aller Ruhe seine Vogelklamotten an und brachte dann seine Schützlinge in die vorbereitete Unterkunft. Man könnte meinen, die Sache wäre damit erledigt gewesen, was aber mitnichten der Fall war: anstatt mit den Vogelsachen nach Hause zu fahren, stand er kurze Zeit später wieder nackt bis auf die Unterhose vor uns und bedeckte seinen Alabasterkörper mit den alten Klamotten. Er erklärte uns, dass die Vögel den Geruch nicht mehr erkennen würden, wenn er die Vogelsachen zu lange trage.

Diese Situation hat sich bei uns eingebrannt, weil es wie bei einem Verkehrsunfall war: man konnte nicht weggucken. Vielleicht sollte ich erwähnen, dass der Kollege den Astralkörper eines Mitglieds des volkstümlichen Sängerduos mit den roten Pluderhosen hatte!

Und dann gibt es da noch die richtigen Spezialisten, und zwar die, die in ihrem Leben nichts so richtig auf die Reihe bekommen haben, aber dann der Menschheit ihr im Internet oder wo auch immer erworbenes Fachwissen offerieren müssen. Ich habe selbst so einen Kandidaten in meinem direkten Umfeld, dessen einzige Lebensleistung nach 50 Jahren darin besteht, ein selbst verschuldetes gesundheitliches Problem gelöst zu haben. Sein Talent liegt im

Geben von Ratschlägen und im Übermitteln von Lebensweisheiten. Ich habe mal irgendwo den treffenden Satz gelesen: „Wenn Du gute Erziehungsratschläge haben willst, dann frag jemanden, der keine Kinder hat"

Mit ähnlichen Fachleuten haben wir es regelmäßig zu tun. Die Bandbreite reicht hier von Ernährungsberatung und Erziehung bis hin zu tiermedizinischen Ratschlägen. Mit Qualifikationen wie „das stand im Internet" oder „mein Kumpel hat gesagt" können wir hier natürlich nicht konkurrieren und uns bleibt nichts anderes übrig, als demütig und ehrfurchtsvoll das Haupt zu neigen – was wir natürlich auch gerne tun.

Auch, wenn manche dieser Anekdoten etwas seltsam sind, sie sind die Würze unseres Alltags. Tiere gehören schon seit Urzeiten zu unserem Leben, ob als Nutz- oder Haustier, als Beschützer oder Mäusefänger – sie sind allgegenwärtig und um nun meine Erzählungen mit einem etwas abgewandelten Ausspruch zu beenden: „Ein Leben ohne Tiere ist möglich, aber sinnlos!"

In diesem Sinne

Sitz! Platz! Aus!

MIX

Papier | Fördert
gute Waldnutzung

FSC® C083411

Zeitfracht Medien GmbH
Ferdinand-Jühlke-Straße 7
99095 Erfurt, Deutschland
produktsicherheit@kolibri360.de